COCINA ECONOMICA

Cocina económica es un libro diseñado especialmente para la mujer que trabaja y que además cocina en casa. Aquí encontrará un menú diferente para cada día del mes. Organice con tiempo sus comidas y aprenda a preparar sus alimentos en dos fases, lo cual le ahorrará tiempo y economizará su gasto familiar.

Esta obra además le proporciona platillos balanceados (cómo combinar proteínas, carbohidratos, vitaminas, grasas y sales minerales), tips, sugerencias para hacer de este rito un momento de convivencia agradable y la oportunidad de darle a su familia una alimentación nutritiva y diferente durante cuatro semanas con una gran variedad de sabores y colores.

Sea dinámica y entusiasta, salga victoriosa de los retos que se enfrentan tanto en el trabajo como en el hogar. *Cocina económica* será su mejor aliada.

Blanca Cano Puertos

COCINA ECONOMICA

SELECTOR
actualidad editorial

SELECTOR
actualidad editorial

Doctor Erazo 120
Colonia Doctores
México 06720, D. F.

Tels. 543 70 16 - 682
536 30 31

COCINA ECONÓMICA

Diseño de portada: Alejandro Bonilla
Ilustración de interiores: Eduardo Rocha

ISBN: 968-403-951-4

Octava reimpresión. Abril de 2005.

Impreso y encuadernado en México.
Printed and bound in Mexico.

A todas las *cianeras*
y su gusto por la cocina.

A Elia Delia que le dio
el buen sazón a las recetas.

Contenido

Disfrute de su cocina

Comer no es sólo una necesidad, es también, uno de los grandes placeres de los seres humanos, por ello, cocinar para la familia es una forma de expresar y transmitir nuestro amor. Este recetario le ofrece una rica colección de menús diarios que le evitan la molestia de planear la comida de cada día, le cuidan su presupuesto y le ayudan a tomar la mejor decisión al poner en sus manos una tabla que le indica los nutrientes necesarios para el buen desarrollo del cuerpo y la mente de su familia, asi como los alimentos que pueden suministrarle estos nutrientes.

Con este libro, usted dispondrá de una guía útil de menús variados, nutritivos y económicos para todo el mes y sabrá qué platillos preparar para brindar a su familia una dieta sana y balanceada.

Recuerde que antes de salir a comprar los productos necesarios para preparar sus comidas de la semana, deberá hacer una lista con su recetario en mano y comprar únicamente aquello que había planeado. De esta manera, no gastará de más y evitará almacenar o refrigerar alimentos que no consumirá frescos o en el peor de los casos, que se echarán a perder. Este recetario es un práctico auxiliar que le ahorra tiempo en la organización de sus compras.

Usted se preguntará ¿cuánto tiempo requiero para preparar la comida de toda la semana? y, tal vez, al principio le parecerá que no cuenta con el tiempo suficiente, pero con la ayuda de esta guía, le bastará media mañana del sábado o domingo. Sin duda le resultará menos agotador que improvisar la comida de todos los días y durante la semana, sentirá menos presiones y prisas.¡Hasta contará con tiempo libre!

El fin de semana métase a la cocina y cueza frijoles, papas, camotes, lentejas, habas, garbanzos, chícharos, arroz. Lave y desinfecte perfectamente sus verduras, prepare cremas, sopas, salsas y ponga a cocer o freír pollo, conejo, carne de cerdo y de res. Lave sus naranjas, mandarinas, toronjas y guárdelas. Rebane en pedazos zanahorias para los jugos y acomódelas en el refrigerador en un recipiente de plástico con tapadera.

Mientras realiza estas labores, puede ponerse tratamientos de belleza y pedir a los niños que le ayuden a pelar, lavar y secar las frutas y las verduras, así dedicará parte del sábado o del domingo, pero dejará en orden los preparativos de la semana y no andará con el tiempo encima cada día. Si se acostumbra a realizar esta rutina, en poco tiempo se dará cuenta de sus beneficios. Ir a la oficina o trabajar fuera de su casa y atender a la familia como lo hicieron nuestras madres no tiene que ser un dilema. Usted no tendrá que elegir entre lo uno y lo otro. Verá que mediante un plan de compras y esta selección de menús, se le facilitará la elaboración de platillos diferentes.

Recuerde que los alimentos que cueza y guarde en el congelador deberán estar fríos, si están calientes, déjelos que se enfríen y luego guárdelos si es posible en raciones pequeñas y separadas para que no tenga que descongelar y guardar de nuevo lo que le quede.

Realice sus recetas una a una y cuando las haya preparado todas, déles la vuelta haciendo ciertas combinaciones para que en casa no se fastidien de comer lo mismo. Es importante que haya variedad en los platillos, pues comer pollo puede resultar agradable y saludable 2 ó 3 veces por semana si prepara un día barbacoa de pollo, dos días más tarde, pollo al orégano y después, chilaquiles o enchiladas, sandwiches o tostadas con lo que le haya quedado de pollo cocido en el refrigerador. Así salteará un día un tipo de carne y otro día uno nuevo, sin cansar a la familia y al apetito. Recuerde combinar los guisados que llevan verduras y cuando no sea así, complemente sus carnes con ensaladas por lo menos 2 veces a la semana.

Para el desayuno acostumbre servir leche, jugo, té o café con leche. Avena, huevo, cereal, frijol, chilaquiles o bisteces de res con ensalada, tortillas y pan.

Habitúe a su familia a que tome un buen desayuno para que vayan a la escuela y al trabajo con mucha energía. Levántelos de la cama una hora antes de que tengan que salir y pídales que pasen al desayunador con tiempo. Los hábitos en casa les ayudarán a disciplinarse en los estudios, en el trabajo y en cualquier actividad de su vida diaria.

Si algún integrante de la familia necesita lunch, pídale que se lo prepare él o ella misma, excepto que sea muy pequeño(a), así les educará para ser independientes y el día que usted no esté en casa, sabrán cómo salir adelante sin su ayuda.

Enseñe a su familia a levantar los utensilios que utilizaron para el desayuno y la comida, y a que los depositen en el fregadero. Esto es posible si los motiva a ser ordenados. Una vez que se acostumbren a los buenos hábitos, le facilitarán muchísimo las labores caseras.

Tips para su cocina

* Para que la cebolla no la haga llorar, rebánela dentro de un recipiente con agua, bajo el chorro del agua o enfríela antes de partirla. También puede, al momento de rebanarla, sostener un trozo de cebolla sobre su cabeza, o bien, córtela mientras sostiene entre sus dientes un cerillo que haya sido usado.

* Para que el brócoli, el repollo y la coliflor no despidan olores desagradables al cocerlos, ponga dos rebanadas pequeñas de pan en el recipiente dónde se estén cociendo. Si lo prefiere, cuézalas en agua abundante o bien, caliente el agua y luego sumérjalos, así se cocerán rápidamente y no propagarán olores.

* Cuando no tenga desinfectante para sus verduras y frutas, póngalas en agua y agrégueles una cucharadita de sal. Déjelas reposar unos 15 minutos y luego enjuague a chorro de agua limpia.

* Para que no se peguen los alimentos a la sartén, rocíe unos granitos de sal sobre el aceite.

* Para que sus pescados no se despedacen al freirlos, revístalos con huevo batido a punto de turrón.

* Endulce sus bebidas con miel de abeja en lugar de azúcar y la vida será más dulce para usted.

* Para cocinar prefiera los aceites vegetales.

* Al cocer las verduras, no lo haga con demasiada agua porque pierden sus beneficios.

* Al preparar los alimentos, incluya uno del grupo de carbohidratos, proteínas y grasas. En menor cantidad puede complementar con vitaminas y minerales.

* Los alimentos se cocerán en la mitad del tiempo previsto, si se les cubre con una tapadera.

* Si a su mantel favorito le ha caído tremenda mancha, no se desespere, ¡ póngalo en un

recipiente a calentar con agua y déjelo que hierva !

* Es recomendable comenzar el día consumiendo frutas (vitaminas).

* Durante el consumo de alimentos, trate de no dar sorbos de agua, porque le quitará el apetito y le dará la sensación de estar satisfecho. Mejor tome toda el agua que quiera al final de la comida.

* Si quiere eliminar el desagradable olor del tabaco en sus ceniceros, límpielos con bicarbonato de sodio (también llamado carbonato) agua y un lienzo.

* Entre más pequeños sean los trozos de hielo, más rápido se enfriarán sus alimentos.

* Para eliminar los malos olores en su refrigerador, coloque una tacita con bicarbonato de sodio.

* Para saber cuánto gas se ha consumido, pase su mano por el tanque o cilindro hasta sentir el cambio. Notará más frío a partir del nivel en que se encuentra el gas.

LECHE

Cuadro nutricional

Proteínas

- Leguminosas
- Oleaginosas
- Cereales integrados
- Carnes
- Lácteos

Alimentos que las contienen:

Leche, queso, yogurt, requesón, jocoque y, en general, todos sus derivados. Lentejas, frijol, haba seca, chícharo seco, frijol de soya, garbanzo, frutos secos: nueces, almendras, avellanas, piñones, cacahuates, ajonjolí, huevo, avena, café, carne de res, cerdo, aves, conejo y pescado.

Carbohidratos

- Cereales
- Leguminosas
- Grasas o lípidos
- Tubérculos
- Frutas

Alimentos que los contienen:

Centeno, trigo, avena, cebada, cerveza, *whisky*, maíz, arroz, tapioca, camotes, papas, lentejas, chícharos, ejotes, dulces, azúcar, mermelada, chocolate, habas, garbanzos, miel, zanahorias, remolacha, rábanos, alcachofa, dátil, higo, pasas, plátanos, uvas, castañas, manzanas, peras, ciruelas, duraznos, nísperos, orejones, ciruela pasa, aguacate, coco, mantequilla, margarina, manteca, crema, aceites vegetales, almendras, cacahuates, piñones, avellanas, leche.

Vitaminas

Frutas — Verduras

Alimentos que las contienen:

(A) Verduras verdes: espinacas, lechuga, ejotes, alcachofas, naranja, limón, nuez, trigo, huevo, maíz, germinado, jitomate, zanahoria, leche, queso, plátano, chícharo, hongos, yema de huevo, manteca vegetal.

(B) Cascarilla de los cereales: trigo, avena, maíz, cebada, centeno. Leguminosas: soya, lenteja, frijol, chícharo, haba y casi todas las verduras y hortalizas: tomate, frutas, hongos, leche, queso, yema de huevo, levadura de cerveza y trigo germinado.

(C) Cítricos: limón, naranja, cereza, guayaba, jitomate, piña, toronja, mandarina, mora, col, lechuga, tomate, plátano, uva, rábano, hortalizas y verduras, huevo, papa , leche.

(D) Leche, mantequilla, coco, levadura de cerveza, yema de huevo, almendras, aceites de coco, oliva, lino, manteca vegetal.

(E) Hígado de pescado, aceite vegetal, lechuga, trigo, germinado de trigo, vegetales verdes, nueces, pan integral, leche, queso, cereales, leguminosas.

(P) Levadura de cerveza, germen de trigo, cereales completos, huevo, vegetales verdes, leche, fruta, tomate, hortalizas, jitomate.

(K) Alfalfa, hierbabuena, algas marinas, huevo, valeriana.

Minerales

Alimentos que los contienen:

Calcio: Col de bruselas, nabo, pepino, cebolla, espinacas, apio, queso, leche, zanahoria, frutas.
Magnesio: Papa, leche, huevo, arroz, avena integral, soya, espinacas, espárragos, trigo, frijol, maíz e higo, entre otros.

Potasio: Papa, huevo, leche, espinacas, pepino, nuez, espárragos, frijol, soya, trigo, rábano y frutas.

Sodio: Rábano, fresas, huevo, trigo, leche, papaya, borraja, jitomate, zanahoria, chícharo, avena, espinaca, col, calabaza, toronja, sal de mar.

Hierro: Espinacas, acelgas, pepino, lechuga, nuez, zanahoria, ejote, trigo, yema de huevo, jitomate.

Fósforo: Cebada, leche, espinacas, huevo, ejotes, queso, nuez, soya, chícharo, trigo, arroz, papa, tomate, frutas y hortalizas.

Yodo: Algas marinas, rábano, berro, cebolla, ajo, espárragos, col, lechuga, alcachofa, jitomate, zanahoria.

Celulosa: En vegetales, cereales con corteza o integrales, frutas y verduras crudas.

Nota: Los grupos básicos para la alimentación son: las proteínas, los carbohidratos, las vitaminas y los minerales. Combine estos grupos y su salud será de hierro.

Recetario del mes

Lunes

Espagueti picante - Bistec de res con espinacas
Guarnición de frijoles fritos
Helado de melón - Agua de mango

Martes

Sopa de menudencias - Pollo al orégano
Elotes a la crema
Ate de manzana - Agua de guayaba

Miércoles

Sopa de lentejas - Verdolagas con espinazo
Quesadilla de papa
Dulce de guayaba - Agua de sandía

Jueves

Arroz Valparaíso - Filete de huachinango
Ensalada de nopalitos
Duraznos en almíbar - Agua de uva

Viernes

Sopa de calabacitas - Pollo con champiñones
en salsa verde
Quesadilla de flor de calabaza
Ate de membrillo - Agua de melón

Sábado

Caldo de haba - Chiles rellenos de atún
Arroz al vapor
Helado - Agua de tamarindo

Domingo

Sopa de pasta con higaditos - Nopales con
carne de cerdo
Guarnición de frijoles de la olla
Camotes enmielados - Agua de limón

Lunes

Menú

- Espagueti picante
- Frijoles fritos
- Bistec de res con espinacas
- Helado con melón
- Agua de mango

Cuadro nutricional

Esta receta aporta proteínas; vitaminas B y C; sales minerales como fósforo y hierro; grasas y carbohidratos.

Espagueti picante

Ingredientes

- 1/2 paquete de espagueti
- 2 chiles chipotles
- 1 lata mediana de puré de tomate
- 1/4 de queso blanco rallado
- 2 cucharadas de mantequilla

Preparación

Cueza el espagueti en abundante agua con sal por espacio de diez minutos a fuego lento. Muela los chiles chipotles con un poco de puré de tomate. Ponga al fuego una sartén con las dos cucharadas de mantequilla y agregue el espagueti, el chile chipotle, el queso rallado y el resto del puré. Deje hervir y sirva caliente.

Frijoles fritos

Ingredientes

- 1 tasa de frijoles
- 1/2 cebolla
- Aceite vegetal
- Queso blanco rallado

Preparación

Fría los frijoles con la cebolla finamente picada y acitronada. Sírvalos calientes y espolvoreados con queso blanco (opcional).

Bistec de res con espinacas

Ingredientes

- 1 kg. de espinacas
- 1/2 kg de bisteces de res
- 5 cebollitas cambray
- 4 nopalitos tiernos

Preparación

Lave muy bien las espinacas, retirando los tallos. Cuézalas al vapor 3 minutos en una olla sin agua (únicamente con el agua con la que las lavó) y no olvide ponerles sal al gusto. Escúrralas y sírvalas con unas cebollitas, nopalitos y bisteces asados sobre el comal. Acompañe con salsa guajillo (Ver salsas) y tortillas.

Ingredientes

Helado con melón

- 1 melón entero
- 1/4 litro de helado
- Mermelada

Preparación

Parta un melón pequeño a la mitad y quítele las semillas. Con un utensilio apropiado entresaque la pulpa en forma de pequeñas bolitas. Llene cada mitad de melón con el helado de su preferencia y adorne con las bolitas de melón. Si lo desea báñelo con mermelada de su sabor favorito.

Agua de mango

Martes

Menú

- Sopa de menudencias
- Elotes a la crema
- Pollo al orégano
- Ate de manzana
- Agua de guayaba

Cuadro nutricional

Esta receta contiene vitamina A, B, C, D, E y P; grasas, carbohidratos, proteínas y las sales minerales: magnesio, potasio, hierro , yodo y sodio.

Sopa de menudencias

Ingredientes

- 1/2 paquete de sopa de pasta
- Perejil picado
- Aceite vegetal
- Un pedazo de cebolla
- Salsa de jitomate (puré)
- 3 patitas, 3 corazones, 3 hígaditos y 3 mollejas de pollo

Preparación

Lave perfectamente las menudencias de pollo y cuézalas en agua junto con un trozo de cebolla y sal. Dore por separado la sopa de pasta en una sartén con aceite y agréguele, a su tiempo, la salsa de jitomate. Cuando comience a hervir, póngale las menudencias de pollo y déjela que termine de hervir. Agrégue el perejil picado y sirva caliente procurando que le quede bastante caldosa.

Elotes a la crema

Ingredientes

- 4 elotes tiernos
- 1 lata de crema de elote Campbell's
- 2 cucharadas de mantequilla

Preparación

Desgrane los elotes. Sofríalos en la mantequilla. Añada la crema de elote con media taza de agua. Déjelos hervir durante 10 minutos(según lo tierno que estén los elotes) y sírvalos como acompañamiento de cualquier carne.

Pollo al orégano

Ingredientes

- 4 piezas de pollo (pierna y muslo)
- Orégano
- Mantequilla

Preparación

Lave perfectamente bien las piezas de pollo y úntelas con mantequilla. Luego espolvoréelas con orégano. Engrase con mantequilla una sartén y ponga a freír las piezas de pollo cubiertas con orégano, teniendo cuidado de voltearlas para que queden doraditas de todos lados.

Ate de manzana

En cualquier tienda de autoservicio puede adquirir esta riquísima golosina. La puede combinar con queso manchego o con leche. Es rica en vitaminas y puede servirla como *tentempié* o en el *lunch* de sus hijos.

Agua de guayaba

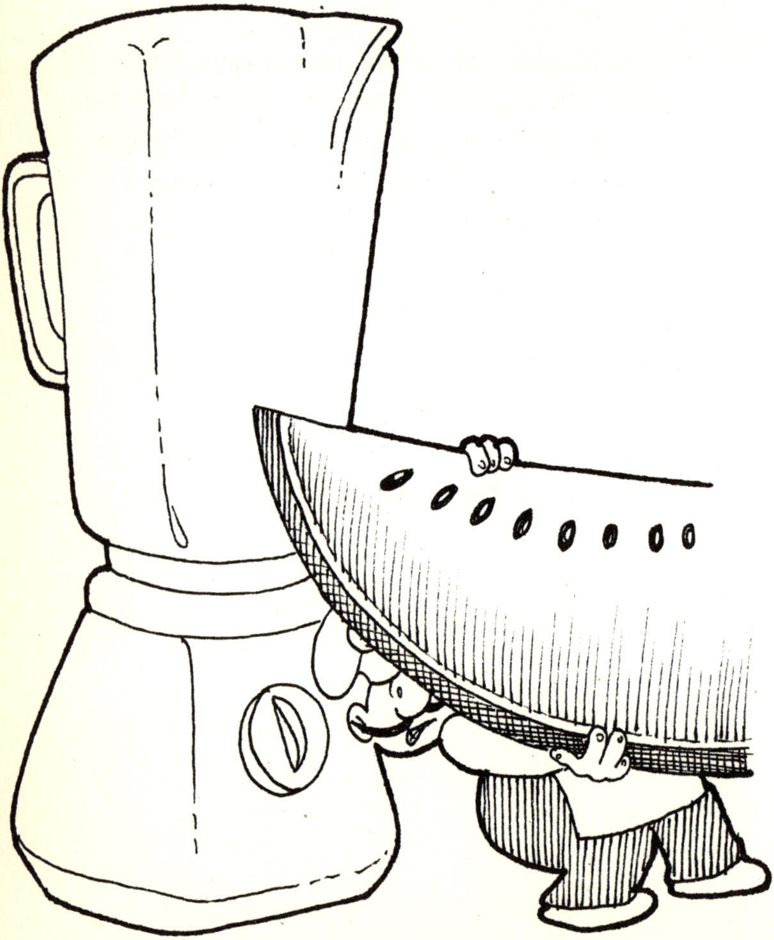

Miércoles

Menú

- Sopa de lentejas
- Quesadilla de papa
- Verdolagas con espinazo
- Dulce de guayaba
- Agua de sandía

Cuadro nutricional

Esta receta contiene grasas, proteínas, vitamina B, sales minerales : yodo, sodio y hierro.

Sopa de lentejas

Ingredientes

- 1 taza de lentejas
- 1 cebolla
- 2 jitomates
- 2 dientes de ajo
- 4 rebanadas de jamón
- Aceite vegetal

Preparación

Cueza en abundante agua las lentejas con un poco de sal. En una sartén con aceite fría la cebolla, los jitomates, ajos y el jamón finamente picados. Agregue las lentejas con bastante caldo y deje hervir.

Ingredientes

Quesadilla de papa

- 4 Papas medianas
- 6 Tortillas
- Aceite vegetal

Preparación

Cueza las papas en agua con sal hasta que estén blanditas. Escúrralas, pélelas y macháquelas haciendo una masa. Caliente un poco las tortillas para que no se desbaraten. Dóblelas a la mitad y rellene con la papa. Fríalas en aceite y sírvalas bien doraditas acompañadas de salsa verde (Ver salsas).

Verdolagas con espinazo

Ingredientes

- 1/2 kg de verdolagas
- 1/2 kg de espinazo de puerco
- 1 diente de ajo
- 1 cebolla chica
- 1/2 kg. de tomate verde
- Aceite vegetal
- 4 chiles serranos

Preparación

Lave bien las verdolagas y cuézalas en poca agua con sal. En otra olla cueza el espinazo de puerco con un diente de ajo, sal y cebolla. Prepare la salsa de tomate (Ver salsas) y póngala a sazonar agregando las verdolagas y el espinazo cocidos. Deje hervir. Acompañe con tortillas de maíz.

Dulce de guayaba

Ingredientes

- 12 guayabas
- 1 lata de leche condensada (La lechera)

Preparación

Lave las guayabas y pártalas en trozos pequeños. Muela la fruta vaciando una lata de leche condensada y vierta la mezcla en copas de postre. Disfrútelo bien frío.

Agua de sandía

Jueves

Menú

- Arroz Valparaíso
- Ensalada de nopalitos
- Filetes de huachinango
- Duraznos en almibar
- Agua de uva

Cuadro nutricional

Esta receta contiene proteínas, carbohidratos, grasas, vitaminas A,B,C,D,E,P y K; sales minerales: potasio, sodio, hierro, yodo, fósforo y magnesio.

Arroz Valparaíso

Ingredientes

- 1 taza de arroz blanco
- 4 zanahorias
- 2 papas medianas
- 1 taza de chícharos
- 1 taza de granos de elote
- Aceite vegetal
- 3 huevos cocidos (duros)
- 1 taza grande de salsa de jitomate (puré)

Preparación

Se lava el arroz, se escurre y se pone a dorar en una sartén con aceite. Cuando esté color paja se le agrega sal, la salsa de jitomate, la zanahoria, papa, chícharo y elote con bastante agua caliente. Cuando se reseque, se habrá cocido el arroz y los demás ingredientes, entonces se adorna con las mitades de huevo y se sirve.

Ensalada de nopalitos

Ingredientes

- 5 nopales
- 2 jitomates
- 1 cebolla
- 5 chiles de árbol

Preparación

Se lavan muy bien los nopalitos y se ponen a cocer cortados en cuadros. Cuando estén cocidos, lávelos nuevamente y escúrralos. Pique el jitomate y los chiles y haga rodajas muy finas de cebolla. Prepare la ensaladera revolviendo los ingredientes. Añada sal al gusto.

Filetes de huachinango

Ingredientes

- 1/2 kg de filete de huachinango
- 6 limones
- Sal y pimienta
- 3 huevos
- Aceite vegetal
- Harina de trigo
- 2 jitomates
- 1 lechuga

Preparación

Se lavan bien los filetes y se untan con jugo de limón, pimienta y sal. Se dejan reposar 40 minutos para que absorban los ingredientes. Mientras tanto, prepare las claras de 3 huevos y bata hasta que formen picos duros (a punto de turrón). Enharine los filetes y métalos al huevo. En una sartén previamente engrasada y puesta a calentar, fría los filetes dejando que esponjen sin que se quemen. Voltéelos en cuanto se cueza el huevo y listo. Acompañe con lechuga picada y tortillas de maíz.

Duraznos en almibar

Le recomendamos que siempre tenga algunas latas de esta fruta entera o en trozos. Sirva con una cucharada de crema ácida.

Agua de uva

Viernes

Menú

- Sopa de calabacitas
- Quesadilla de flor de calabaza
- Pollo con champiñones en salsa verde
- Ate de membrillo
- Agua de melón

Cuadro nutricional

Esta receta contiene proteínas, grasas, vitaminas A, B, C, D, E y P; sales minerales: yodo, fósforo, magnesio, potasio y sodio.

Sopa de calabacitas

Ingredientes

- 4 calabacitas tiernas
- 2 chiles poblanos
- 3 elotes
- 100 gr. de queso canasta
- 2 jitomates
- 1 trozo de cebolla
- 1 diente de ajo
- 1 ramita de epazote
- Aceite vegetal

Preparación

Los chiles se tuestan parejo en el comal, se pelan y se cortan en rajas, una vez que han sido desvenados. Las calabacitas y el queso se parten en cuadritos. Los elotes se desgranan. Los ajos y la cebolla se pican finamente. En una sartén se pone a acitronar la cebolla y el ajo. Luego se le agrega el elote, los chiles y el queso. Finalmente, se añade la calabacita, agua caliente, el epazote y sal al gusto. Sirva cuando haya hervido.

Quesadilla de flor de calabaza

Ingredientes

- Tortillas
- Flor de calabaza
- Cebolla
- Jitomate
- Aceite vegetal

Preparación

Cueza la flor de calabaza previamente lavada. Cuando se haya cocido aparte únicamente la flor y guísela con cebolla, jitomate y sal. Caliente un poquito sus tortillas, si son de harina, es mucho mejor. Póngales el relleno doblándolas a la mitad y caliente sobre el comal. Sirva como antojito complementario a la comida.

Pollo con champiñones en salsa verde

Ingredientes

- 4 piezas de pollo (pierna y muslo)
- 1/2 kg. de champiñones
- 1 kg. de tomates verdes
- 5 chiles serranos (ó 3 chiles de árbol)
- Aceite vegetal
- 1 ramita de epazote
- 1 diente de ajo

Preparación

Cueza el pollo con sal, cebolla y ajo. Por separado se cuecen también los champiñones (si son muy grandes se parten a la mitad o en 3 partes) hasta que estén blanditos. Se prepara la salsa de tomate (todo el kilo de tomate y los chiles) (Ver salsas). Se pone la salsa a fuego lento y se le agrega el pollo y los champiñones. Póngale su ramita de epazote y listo.

Ate de membrillo

Lo puede adquirir en cualquier tienda de autoservicio. Sus propiedades nutritivas son únicas.

Agua de melón

Sábado

Menú

- Caldo de habas
- Arroz al vapor
- Chiles rellenos de atún
- Helado
- Agua de tamarindo

Cuadro nutricional

Esta receta contiene proteínas, grasas, vitaminas A, B, C, D, P y K; celulosa, carbohidratos y sales minerales: sodio, fósforo, yodo, magnesio, potasio y hierro.

Caldo de habas

Ingredientes

- 1 taza de habas
- 1 trozo de cebolla
- 2 jitomates
- 2 dientes de ajo
- 3 chiles serranos
- 3 ramitas de cilantro
- Aceite vegetal

Preparación

Lave muy bien las habas y póngalas a cocer con un poco de sal. Cuando estén cocidas, acitrone cebolla finamente picada, jitomate, ajo y los chiles. Agregue las habas y vacíe todo el caldo. Deje hervir y al final ponga unas ramitas de cilantro. Sirva caliente.

Ingredientes

Arroz al vapor

- 1 taza de arroz blanco
- 1 chorrito de aceite
- Sal

Preparación

Se lava el arroz, se escurre y se vierte en un recipiente con 2 tazas de agua hirviendo, sal y un chorrito de aceite. Déjelo cocinar tapado hasta que toda el agua se reseque. Utilice moldes individuales de gelatina para llenarlos con el arroz y luego vacíelos en el plato. Le dará una presentación agradable a su platillo.

Chiles rellenos de atún

Ingredientes

- 3 latas de atún
- 6 chiles poblanos
- 3 huevos
- 1 tacita de harina de trigo
- Aceitunas
- palillos de dientes
- Aceite vegetal

Preparación

Tueste los chiles sobre el comal, cuidando que se asen parejos. Métalos en una bolsa de plástico para que la cáscara se desprenda fácilmente. Ábralos y quíteles las semillas. Luego rellénelos de atún con aceitunas. Asegúrese que no se salga el relleno, cerrando el chile con palillos.

Para batir la clara de los huevos, haga una perforación en el cascarón y deje que escurra por ahí la clara, dejando la yema dentro para agregarla cuando la primera alcance la consistencia a punto de turrón. Enharine los chiles , luego sumérjalos en el huevo a punto de turrón y póngalos a freír en una sartén con aceite que esté bien caliente. Déles vuelta en cuanto vea que el huevo que los cubre se ha cocido, para que queden parejos y no se quemen. Acompañe con tortillas de maíz.

Helado

Elija el favorito de su familia y guárdelo en la hielera o congelador. Estará listo para servirse cuando usted lo decida.

Agua de tamarindo

Domingo

Menú

- Sopa de pasta con hígaditos de pollo
- Guarnición de frijoles de la olla
- Nopalitos con carne de puerco
- Camotes enmielados
- Agua de limón

Cuadro nutricional

Esta receta contiene proteínas, grasas, carbohidratos y sales minerales.

Sopa de pasta con hígaditos de pollo

Ingredientes

- 1/2 paquete de sopa de pasta
- 1 taza de puré de jitomate
- 8 hígaditos de pollo
- Aceite vegetal

Preparación

Cueza los hígaditos en agua. Dore la pasta en una sartén con aceite y agregue el puré, sal y los hígaditos cocidos. Añada una taza de agua y deje hervir.

Guarnición de frijoles de la olla

Ingredientes

- 1 taza de frijoles
- 1 rama de epazote
- 1/2 cebolla
- 2 dientes de ajo
- Sal

Preparación

Limpie bien los frijoles y póngalos a cocer con la cebolla, los ajos partidos y el epazote con bastante agua. Cuando se pongan blanditos y usted pueda despedazar uno fácilmente con los dedos, entonces, sáquelos del fuego y sírvalos.

Nopalitos con carne de puerco

Ingredientes

- 4 nopales tiernos
- 1/4 kg. de carne de puerco
- 1 cebolla
- 2 dientes de ajo
- 4 chiles guajillo
- 9 tomates verdes
- 3 ramitas de cilantro
- Aceite vegetal

Preparación

Los nopales se rebanan y parten en cuadritos. Se ponen a cocer con un pedacito de cebolla, un diente de ajo y sal. Cuando se hayan cocido se lavan y se escurren. Se ponen a freír en una sartén con aceite. Por separado, se corta la carne de puerco en trozos pequeños, se cuece y se fríe (se le escurre el exceso de grasa) y se agrega a los nopalitos junto con una salsa guajillo (Ver salsas). Se deja hervir y finalmente se agregan unas ramitas de cilantro.

Camotes enmielados

Ingredientes

- 2 Camotes en trozos
- 1 pieza grande de piloncillo

Preparación

Lave los camotes muy bien y pártalos al gusto. Póngalos a cocer en poca agua con el piloncillo. cuando se hayan cocido, la miel se confundirá con el agua en la que los coció. Puede servirlos fríos o calientes.

Agua de limón

Recetario del mes

Lunes

Sopa de verduras - Conejo en pasilla
Quesadilla de huitlacoche
Helado con duraznos - Agua de mandarina

Martes

Crema de elote - Pollo en la jungla
Burrito de frijoles con queso
Queso de tuna - Agua de fresa

Miércoles

Crema de acelgas - Albóndigas
Sopa de arroz con pollo
Pastel de tres leches - Agua de tuna

Jueves

Sopa de pescado - Mojarras fritas
Ensalada verde
Helado de vainilla - Agua de piña

2a semana

Viernes

Sopa de chícharos - Verdolagas con pollo
Crema de mango - Agua de jamaica

Sábado

Arroz con verduras - Bisteces en pasilla
Camote de Puebla - Agua de horchata

Domingo

Sopa de codito - Hígado encebollado
Ensalada de ejotes
Arroz con leche - Agua de limón con pepino

Lunes

Menú

- Sopa de verduras
- Quesadilla de huitlacoche
- Conejo en pasilla
- Helado con duraznos
- Agua de mandarina

Cuadro nutricional

Esta receta contiene proteínas, grasas, carbohidratos, sales minerales y vitaminas A, B, C, D, E, P y K.

Sopa de verduras

Ingredientes

- 2 papas medianas
- 1 col
- 1 apio
- Ejotes tiernos
- Chícharos tiernos
- 1 taza de salsa de jitomate (1 jitomate, 2 dientes de ajo y 1 trozo de cebolla)
- 1 cuadrito de consomé de pollo

Preparación

Lave y desinfecte las verduras bien picadas. Póngalas en agua hirviendo y cuando se hayan cocido agregue la salsa de jitomate (Ver salsas) y el cuadrito de consomé de pollo.

Quesadilla de huitlacoche

Ingredientes

- 1/4 de kg. de huitlacoche
- 1 cebolla
- 1/4 de queso canasta
- Aceite vegetal
- 1 diente de ajo
- 6 tortillas de maíz

Preparación

En una sartén con aceite acitrone la cebolla con el ajo picados. Agregue el queso partido en cuadritos pequeños y sazone junto con el huitlacoche. Caliente las tortillas de maíz y rellénelas.

Conejo en pasilla

Ingredientes

- 1 conejo
- 8 chiles pasilla
- 6 dientes de ajo
- 2 jitomates
- Pimienta
- Cominos
- Ramitas de perejil
- Aceite vegetal

Preparación

Parta el conejo en trozos pequeños, sazónelo con pimienta y sal. Por separado, tueste en el comal el jitomate, el ajo y los chiles. Muela estos ingredientes en la licuadora con el comino. Unte el conejo con esta salsa. En una sartén con aceite previamente calentado, sazone el conejo agregando un poquito de agua y bastante perejil finamente picado. Deje 15 minutos en el fuego y listo.

Helado con duraznos

Vierta sobre el helado de su preferencia, un poco de duraznos en almíbar.

Agua de mandarina

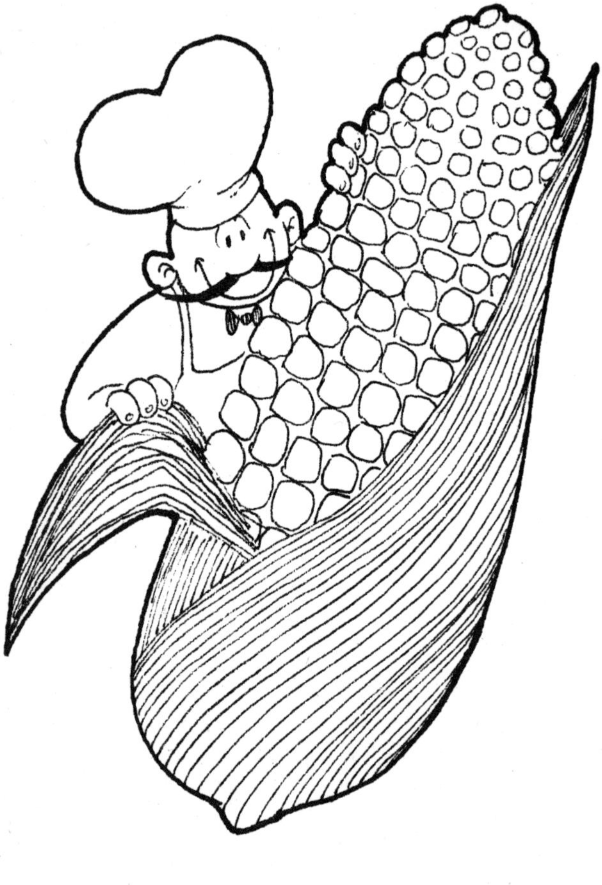

Martes

Menú

- Crema de elote
- Burrito de frijoles con queso
- Barbacoa de pollo (pollo en la jungla)
- Queso de tuna
- Agua de fresa

Cuadro nutricional

Esta receta contiene vitamina A, B, C, D, E y P, proteínas, carbohidratos, grasas, sales minerales: fósforo, magnesio, yodo y potasio.

Crema de elote

Ingredientes

- 1/4 de crema ácida
- 1 litro de leche
- 2 elotes desgranados
- 2 cucharadas de fécula de maíz
- 50 gr. de mantequilla

Preparación

Desgrane los elotes y póngalos a cocer con un poco de agua. En una sartén derrita la mantequilla y mezcle la fécula de maíz (Maizena). Deje que la fécula cambie su color por uno amarillo claro. Muela en la licuadora la leche, la fécula y los granos de elote. Vierta la mezcla en una sartén y manténgala a fuego lento durante 10 minutos, moviendo constantemente para que no se pegue. Reserve 1/2 taza de granos de elote para combinar con la crema.

Burritos de frijoles con queso

Ingredientes

- 1 taza de frijoles machacados
- 1/4 de queso asadero
- Tortillas de harina
- Cebolla
- Aceite vegetal

Preparación

En una sartén con aceite bien caliente, fría la cebolla picada y agregue los frijoles machacados. Deje hervir tapado junto con el queso en trozos pequeñitos para que todos los ingredientes se integren. Caliente un poco las tortillas de harina y vaya poniendo el relleno al enrollar la tortilla. Doble un poquito en los extremos del burrito para evitar que se escurra el relleno.

Barbacoa de pollo
(Pollo en la jungla)

Ingredientes

- 2 piernas y 2 muslos de pollo
- 1 kg. de tomate verde
- Chiles serranos al gusto
- 1 Xoconoxtle (joconostle)
- 1 manojo de cilantro
- Sal

Preparación

Lave muy bien los ingredientes y píquelos con excepción del pollo. Al picar el xoconoxtle, utilice únicamente la carnita que lo cubre. Prepare la sartén en la que vaya a cocinar el pollo (no le ponga aceite), colóquela sobre la lumbre y cubra la base con una capa gruesa de tomate picado. Encima coloque las piezas de pollo crudas y cúbralas con abundante tomate, chile y xoconoxtle picados. Tape la sartén y deje que el pollo se cueza al vapor agregando el cilantro al final. Sirva bien caliente con tortillas de maíz.

Queso de tuna

Búsquelo en las tiendas o el mercado. Es riquísimo.

Agua de fresa

Miércoles

Menú

- Crema de acelga
- Sopa de arroz con pollo
- Albóndigas
- Pastel de 3 leches
- Agua de tuna

Cuadro nutricional

Esta receta contiene proteínas, carbohidratos, vitaminas A, B, C, D, E, P y K; sales minerales: magnesio, potasio, sodio, hierro, yodo y fósforo.

Crema de acelgas

Ingredientes

- 1/4 de crema ácida
- 1 litro de leche
- 1 manojo de acelgas
- 50 gr. de mantequilla
- 2 cucharadas de fécula de maíz (Maizena)

Preparación

Cueza las acelgas al vapor y sin tallos. En una sartén ponga al fuego la mantequilla y la fécula. Espere a que esta última adquiera un color amarillo claro. Muela la leche, fécula y acelgas en la licuadora. Posteriormente hierva la mezcla 5 ó 10 minutos a fuego lento, moviendo constantemente para que no se pegue. Añada sal al gusto y sirva con un poco de crema ácida.

* Con este procedimiento, usted puede preparar crema de zanahoria, betabel, chícharo, calabaza, elote, champiñones, etcétera.

Sopa de arroz con pollo

Ingredientes

- 1 taza de arroz blanco
- 2 zanahorias
- 1 papa grande
- 2 piezas de pollo desmenuzadas
- Col
- Chícharos
- 1 taza de salsa de jitomate (puré)

Preparación

Cueza el pollo y desmenúcelo. Parta la verdura en trocitos y póngala a hervir en el caldo que se formó al cocer el pollo. Inmediatamente después lave el arroz y también agréguelo para que se cueza junto con el jitomate y el pollo desmenuzado. Añada sal al gusto y sirva cuando se haya secado el caldo.

Albóndigas

Ingredientes

- 1/4 de carne de res molida
- 1/4 de carne de puerco molida
- 2 huevos
- 2 chiles chipotles
- 1 diente de ajo
- 5 jitomates
- Hierbas de olor (tomillo, laurel y mejorana)

Preparación

Cueza los huevos y córtelos en cuadritos pequeños. Haga bolitas combinando ambas carnes y procure que queden rellenas con el huevo. Póngalas en un recipiente mientras prepara la salsa de jitomate (ver salsas). Lícue esta salsa con los chiles chipotles y póngala al fuego en una sartén honda. Cuando comience a hervir, añada las bolitas de carne y las hierbas de olor.

Pastel de 3 leches

Ingredientes

- 1 lata de leche evaporada
- 1 lata de leche condensada
- 1 lata de crema dulce
- 1 cucharada de vainilla

Preparación

Lícue el contenido de una lata de leche evaporada, otra de leche condensada y una tercera de crema dulce con una cucharada de vainilla. Vierta el preparado sobre una rosca de pan y póngala a enfriar. Corte en rebanadas al servir.

Agua de tuna

Jueves

Menú

- Sopa de pescado
- Ensalada verde
- Mojarras fritas
- Helados de vainilla
- Agua de piña

Cuadro nutricional

Esta receta contiene grasas, proteínas, carbohidratos, vitaminas A,B,C,D,E,P y K; sales minerales: yodo, fósforo y potasio.

Sopa de pescado

Ingredientes

- 1/2 kg. de retazo de pescado (pedir cabeza)
- 2 zanahorias
- 1 tacita de chícharos verdes
- 2 dientes de ajo
- 1 cebolla
- 1 papa grande
- 3 nopales tiernos

Preparación

En el recipiente donde se vaya a preparar la sopa de pescado se pone agua a hervir y se agrega el retazo de pescado perfectamente bien lavado. Se lavan las zanahorias, se pelan los chícharos, se rebana el ajo,la cebolla, la papa y los nopales y se agregan al pescado. Ponga sal al gusto y deje hervir antes de servir.

Ensalada verde

Ingredientes

- 1cebolla partida en rodajas
- 1 manojo de berros
- 1 lechuga
- 1 manojo de espinacas
- Jitomate
- Aguacate
- 1 cucharada de mostaza
- 1/4 de aceite de oliva
- Salsa catsup

Preparación

Desinfecte berros, lechuga y espinacas. Pártalos en trozos grandes. en una ensaladera ponga una cucharada de mostaza con un chorrito de aceite de oliva y cuando se disuelva, ponga el resto del aceite. Agregue salsa catsup al gusto. Este aderezo se vierte sobre la verdura cuando se vaya a servir para que no se marchite la verdura. Se adorna con rodajas de jitomate, cebolla y aguacate.

Mojarras fritas

Ingredientes

- 1 mojarra por persona
- 5 limones
- Sal
- Pimienta
- Harina de trigo
- 2 ó 3 huevos
- Aceite vegetal
- 1 diente de ajo

Preparación

Se lavan muy bien las mojarras. Báñelas con limón y únteles pimienta. Déjelas reposar media hora. Enharínelas. Bata los huevos, pero no a punto de turrón y sumerja las mojarras. Luego fríalas en una sartén con aceite bien caliente al que previamente le puso el ajo a acitronar y se lo retiró antes de colocar la mojarra. Sírvalas con una ensalada verde y tortillas de maíz.

Helado de vainilla

Si quiere que luzca con mucho colorido, adorne cada porción con una o dos cerezas.

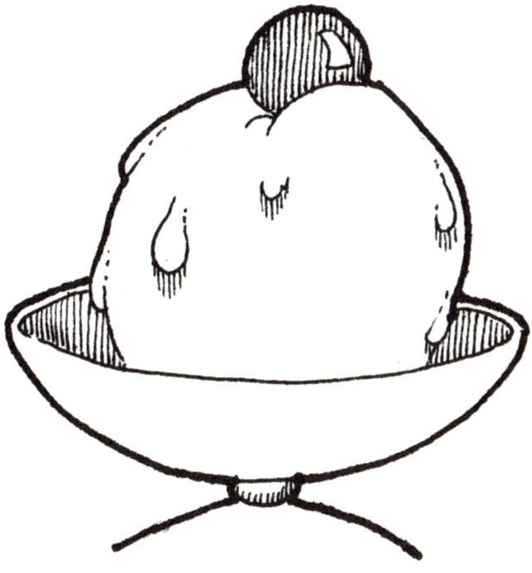

Agua de piña

Viernes

Menú

- Sopa de chícharos
- Verdolagas con pollo
- Mango en almíbar
- Agua de jamaica

Cuadro nutricional

Esta receta contiene carbohidratos, proteínas, grasas, vitaminas y sales minerales: hierro, yodo y fósforo.

Sopa de Chícharos

Ingredientes

- 1 taza de chícharos secos
- 1 cebolla
- 1 diente de ajo
- 2 jitomates
- Sal
- Aceite vegetal

Preparación

Lave bien los chícharos y póngalos en agua desde el día anterior. Cuézalos en esa agua y cuando estén listos, ponga una sartén en la lumbre con aceite vegetal y acitrone cebolla, jitomate y ajo picados. Agregue los chícharos y todo el caldo en el que se cocieron. Deje hervir y sirva.

Verdolagas con pollo

Ingredientes

- 1/2 kg. de verdolagas
- Sal
- 3 piezas de pollo (pierna con muslo)
- Cebolla
- 1 diente de ajo
- 1/2 kg. de tomate verde
- 3 o 4 chiles serranos

Preparación

Se lavan bien las verdolagas y se ponen a cocer en agua con sal. Cuando ya están blandas, se retiran del fuego y se escurren. Las piezas de pollo se cuecen con cebolla, ajo y sal. Prepare una salsa de tomate (ver salsas). Sazone la salsa y agregue las verdolagas y el pollo.

Mangos en almibar

Puede servirlos solos o con crema (ácida o chantilly) de su predilección.

Agua de jamaica

Sábado

Menú

- Arroz con verduras
- Bisteces en pasilla
- Camotes de Puebla
- Agua de horchata

Cuadro nutricional

Esta receta contiene proteínas, vitaminas, grasas, carbohidratos y sales minerales en abundancia.

Arroz con verduras

Ingredientes

- 1 taza de arroz blanco
- 2 zanahorias
- 2 papas
- 1 chayote
- Yerbabuena
- 1 elote
- 1 tacita de chícharos frescos
- 1 taza grande de salsa de jitomate (puré)

Preparación

Pique las zanahorias, las papas y el chayote en cuadritos pequeños. Mezcle con los granos de elote y los chícharos. Cueza el arroz y las verduras en la salsa de jitomate. Si prefiere puede sazonar las verduras en aceite, agregando finalmente las hojitas de yerbabuena y luego dejar hervir con todos los ingredientes.

Bisteces en pasilla

Ingredientes

- 1/2 kg. de bisteces de res
- Salsa pasilla
- Sal
- Aceite vegetal

Preparación

Ponga a calentar una sartén con aceite. Prepare una salsa pasilla (ver salsas). Luego ponga a freír los bisteces y vierta sobre ellos la salsa pasilla. Acompañe con tortillas de maíz.

Camotes de Puebla

Puede encontrarlos en algunas dulcerías. Los hay de varios sabores a elegir.

Agua de horchata

- Ver Aguas frescas.

Domingo

Menú

- Sopa de codito
- Ensalada de ejotes
- Hígado encebollado
- Arroz con leche
- Agua de limón con pepino

Cuadro nutricional

Esta receta contiene proteínas, carbohidratos, grasas, vitamina A, B, C, D, E, P y K, así como sales minerales.

Sopa de coditos

Ingredientes

- 1/2 paquete de pasta de coditos
- 100 gr. de jamón
- 1/4 de crema ácida
- 1 hoja de laurel

Preparación

Cueza el codito en agua con sal, la hoja de laurel y una cucharada de aceite. Procure que el codito quede entero y bien cocido. Sustituya el agua caliente por fría. Escurra el codito y agregue la crema y jamón picado. Mezcle y sirva.

Ensalada de ejotes

Ingredientes

- 1/4 de ejotes
- 3 huevos
- Sal

Preparación

Cueza los ejotes en agua con sal, quitándoles el hilito y las puntas que los cubren. Pártalos en dos o tres pedacitos: Cueza por separado los huevos. Coloque en la ensaladera los ejotes escurridos y decore con rodajas de huevo cocido.

Higado encebollado

Ingredientes

- 1/2 kg. de hígado
- 4 cebollas
- Aceite vegetal
- 1/4 de litro de leche

Preparación

Lave muy bien el hígado y póngalo a desflemar en un tazón con leche durante 15 minutos. Fría en una sartén con aceite los bisteces de hígado con bastante cebolla en rodajas muy finas. Acompañe con guacamole y tortillas de maíz.

Arroz con leche

Ingredientes

- 1 Taza de arroz integral
- 2 tazas de leche
- Pasas
- Canela en polvo
- Azúcar

Preparación

Lave el arroz y póngalo a remojar en agua desde el día anterior. Cuézalo en agua y cuando esté blandito, tire el agua y añada la leche. Cuando esté hirviendo, ponga azúcar y pasas. Se puede servir frío o caliente, espolvoreando un poco de canela al gusto.

Agua de limón con pepino

- Ver Aguas frescas.

Recetario del mes

Lunes

Crema de zanahoria - Chiles rellenos de sardina

Ensalada de macarrones

Fresas con crema - Agua de papaya

Martes

Tallarines en salsa de jitomate

Pollo con calabacitas - Frijoles fritos

Tortitas de avena - Agua de pera

Miércoles

Sopa de ostiones

Costillita de res con acelgas

Coctel de frutas de la temporada

Agua de jamaica

Jueves

Arroz con camarones - Tortitas de carne

Banana split - Agua de tamarindo

3a. semana

Viernes

Crema de aguacate
Taquitos dorados de papa
Ensalada multisabor
Flan - Agua de naranja

Sábado

Crema de champiñones - Caldo de pescado
Ensalada de arroz
Dulce de calabaza - Agua de toronja

Domingo

Sopa de flor de calabaza
Chuletas de puerco
Puré de papa
Alegrías (dulces) - Agua de guanábana

Lunes

Menú

- Crema de zanahoria
- Ensalada de macarrones
- Chiles rellenos de sardina
- Fresas con crema
- Agua de papaya

Cuadro nutricional

Esta receta contiene celulosa, carbohidratos, grasas, sales minerales y vitamina A, B, C, D, E, P y K.

Crema de zanahoria

Ingredientes

- 4 zanahorias grandes
- 1 jitomate molido y colado
- 1 taza de leche evaporada
- Aceite
- Pimienta
- Sal

Preparación

Lave y parta las zanahorias en cuadritos. Póngalas a hervir con una taza y media de agua. Tápelas. Cuando se hayan cocido, apártelas del fuego. Caliente el aceite en un trasto hondo y añada el puré de jitomate. Mientras se fríe, muela en la licuadora la zanahoria con el agua en que la coció. Sazónela con sal y pimienta al gusto. Incorpórela al sartén con el jitomate y cuando haya hervido por unos minutos, añada la leche. Cuando suelte el hervor, la sopa estará lista. Sírvala con trocitos de pan frito.

Ensalada de macarrones

Ingredientes

- 1/2 paquete de macarrones
- 1 lechuga pequeña
- 1 pepino
- 5 rebanadas gruesas de pavo

Preparación

Cueza los macarrones en agua con sal, escúrralos y colóquelos en un platón. Enseguida lave perfectamente la lechuga y rebánela. Quite la cáscara al pepino y píquelo finamente. Corte en trozos pequeños el pavo y mézcle todos los ingredientes con los macarrones.

Chiles rellenos de sardina

Ingredientes

- 2 latas de sardinas
- 6 chiles poblanos
- 3 huevos
- 1 tacita de harina de trigo
- Aceite vegetal
- Palillos de dientes

Preparación

Tueste los chiles poblanos sobre el comal, volteándolos para que queden parejos. Déjelos reposar en una bolsa de plástico para que los pueda pelar fácilmente. Ya pelados, quíteles las semillas y rellénelos con las sardinas. Previamente quite a las sardinas las vértebras y aquello que no le guste a su familia. Cierre el chile con los palillos, asegurándose que no se salga el relleno. Haga una perforación en el cascarón de los huevos y deje que escurra la clara en una vasija donde la batirá hasta que alcance consistencia a punto de turrón. Entonces, agregue las yemas y siga batiendo. Enharine los chiles y sumérjalos en el huevo. Posteriormente, póngalos a freír en una sartén con aceite bien caliente. Déles vuelta en cuanto vea que el huevo se ha cocido.

Fresas con crema

Compre sus fresas frescas, lávelas, desinféctelas y báñelas con crema y azúcar al gusto.

Agua de papaya

Martes

Menú

- Tallarines en salsa de jitomate
- Frijoles fritos
- Pollo con calabacitas
- Tortitas de avena
- Agua de pera

Cuadro nutricional

Esta receta contiene proteínas, vitaminas A, B, C, D, E, P, y K; carbohidratos, grasas y sales minerales como fósforo, hierro, yodo y sodio.

Tallarines en salsa de jitomate

Ingredientes

- 1/2 paquete de tallarines
- 1 taza de salsa de jitomate
- 2 ramitas de perejil
- 1/4 de queso blanco
- 100 gr. de jamón

Preparación

Cueza los tallarines en agua con sal. Una vez cocidos escúrralos. Sazone la salsa de jitomate en una sartén (ver salsas). Añada los tallarines y adorne al servir con jamón y perejil picado. Si lo desea, puede espolvorear con queso blanco.

Frijoles fritos

Ingredientes

- 1 taza de frijoles cocidos
- 1 trozo de cebolla
- 1/4 de queso blanco rallado
- 3 cucharadas de aceite vegetal

Preparación

Fría los frijoles con la cebolla finamente picada y acitronada. Sírvalos calientitos y espolvoreados con queso blanco rallado.

Pollo con calabacitas

Ingredientes

- 6 piezas de pollo (piernas y muslos)
- 8 calabacitas tiernas
- 2 jitomates
- 1 cebolla
- 1 diente de ajo
- 1/4 de crema ácida

Preparación

Lave bien las piezas de pollo y póngalas a cocer en una olla con agua y un poco de sal. Rebane las calabacitas crudas y cuando el pollo se haya cocido, agréguelas para que hiervan junto con él. También añada jitomate, ajo y cebolla picados. Sirva una pieza de pollo con una buena ración de calabacitas y cúbralas con crema.

Tortitas de avena

Ingredientes

- 1 taza de avena
- 1 taza de leche
- 2 huevos
- miel maple
- mantequilla

Preparación

Ponga a remojar la avena en un poco de agua desde el día anterior. Al día siguiente, escúrrala y bátala con la leche y los huevos. Forme tortitas y fríalas en una sartén con mantequilla. Déjelas enfriar y antes de servirlas, báñelas con miel maple.

Agua de pera

Miércoles

Menú

- Sopa de ostiones
- Costillas de res con acelgas
- Coctel de frutas de la temporada
- Agua de jamaica

Cuadro nutricional

Esta receta contiene proteínas, vitaminas B y C; grasas, carbohidratos, sales minerales: hierro y fósforo.

Sopa de ostiones

Ingredientes

- 2 jitomates
- 1 chile ancho
- 2 dientes de ajo
- 1/2 cebolla
- 1 frasco de ostiones de 500 gr.

Preparación

Muela en la licuadora el jitomate, ajo, cebolla y chile. Fríalo todo y añada 3/4 de litro de agua hirviendo además del agua contenida en el frasco de ostiones. Cuando haya hervido 10 minutos, agregue los ostiones, deje al fuego hasta que advierta que se "enchinan" las orillas de los ostiones y sirva.

Costillas de res con acelgas

Ingredientes

- 1 kg. de acelgas
- 1/2 kg. de costillitas de res
- Aceite vegetal
- 5 cebollitas cambray
- 4 nopalitos tiernos

Preparación

Retire los tallos a las acelgas, lávelas y cuézalas en una olla sin agua durante 3 minutos. Escúrralas y sírvalas con las costillitas fritas. Acompañe con cebollitas cambray y nopalitos asados en el comal o si lo prefiere, con un buen guacamole.

Coctel de frutas

Ingredientes

- Frutas de la temporada
- Salvado de trigo
- Miel de abeja

Preparación

Lave sus frutas y pártalas en cuadritos.Cúbralas con miel y salvado de trigo.

Agua de jamaica

- Ver Aguas frescas.

Jueves

Menú

- Arroz con camarones
- Tortitas de carne
- Banana Split
- Agua de tamarindo

Cuadro nutricional

Esta receta contiene grasas, proteínas, carbohidratos, vitaminas A, B, C, D, E, P, K y sales minerales como yodo, potasio y magnesio.

Arroz con camarones

Ingredientes

- 1 taza de arroz blanco
- 1 taza de salsa de jitomate
- 1/4 de camarones cocidos
- Aceite vegetal

Preparación

Lave el arroz, escúrralo y póngalo a dorar en una sartén con aceite. Cuando adquiera un color paja, agregue la salsa de jitomate y 2 tazas de agua hirviendo. Añada los camarones pelados una vez que les haya quitado la cabecita. Sirva cuando se consuma el agua y el arroz esté seco. No le ponga mucha sal porque los camarones suelen ser salados.

Tortitas de carne

Ingredientes

- 1/2 kg. de carne para deshebrar
- 2 dientes de ajo
- 1 cebolla
- Sal
- 1 tacita de harina de trigo
- 2 ó 3 huevos
- 10 tomates verdes
- 3 chiles serranos

Preparación

Ponga a cocer la carne en una olla con agua, sal, un diente de ajo y un trozo de cebolla. Cuando esté cocida, se deja enfriar, se deshebra y se forman pequeñas tortitas, se enharinan y se ponen en un platón. Por otra parte, se baten los huevos a punto de turrón (recuerde que se baten primero las claras y luego, cuando se formen picos, se incorporan las yemas) y en él, se remojan las tortitas antes de freírse en aceite bien caliente. Ya fritas se agregan a la salsa de tomate (ver salsas).

Banana Split

Ingredientes

- Plátanos
- Helado de chocolate y vainilla
- Mermelada de fresa

Preparación

En un plato largo para postres, coloque un plátano pelado y encima 2 ó 3 bolas de helado de distinto sabor preferentemente. Bañe con mermelada.

Agua de tamarindo

- Ver Aguas frescas.

Viernes

Menú

- Crema de aguacate
- Ensalada multisabor
- Taquitos dorados de papa
- Flan
- Agua de naranja

Cuadro nutricional

Esta receta contiene proteínas, vitaminas A, B, C, D, E, P y K; grasas, carbohidratos y sales minerales.

Crema de aguacate

Ingredientes

- 3 aguacates
- 1 diente de ajo
- 1/2 taza de leche evaporada
- 2 tazas de leche
- 1/2 cucharadita de sal de apio
- 1/2 taza de agua
- Sal y pimienta

Preparación

Pele y pique los aguacates. Posteriormente, muélalos en la licuadora con el agua y el ajo. Añada la leche evaporada, la leche fresca y la sal de apio. Vierta la pasta en una sartén y déjela que hierva 5 minutos, moviéndola constantemente. Sazone con un poco de sal y pimienta.

Ensalada multisabor

Ingredientes

- 2 calabacitas tiernas
- 1/4 de queso manchego
- 12 aceitunas
- 2 jitomates
- 1/4 de champiñones
- 2 latas de atún

Preparación

Cueza en poca agua las calabacitas partidas en cuadritos y los champiñones partidos a la mitad. Coloque en la ensaladera los champiñones, los jitomates partidos en trozos, las aceitunas, cuadritos de queso, el atún desmenuzado y las calabacitas de manera que la ensaladera se vea con coloridos diversos y apetitosos (ya sea mezclados o no).

Taquitos dorados de papa

Ingredientes

- 5 papas medianas
- Sal
- 1 lechuga
- 1/4 de crema ácida
- Aceite vegetal
- 1/4 de queso canasta rallado

Preparación

Cueza las papas en agua con sal. Con un tenedor, hágales varias perforaciones para que absorvan la sal. Cuando pueda introducir el tenedor con facilidad, estarán bien cocidas. Quíteles la cáscara y macháquelas hasta formar un puré. Ponga sal y pimienta al gusto. Con tortillas blanditas haga taquitos rellenos con el puré. Posteriormente, coloque en la lumbre una sartén con aceite y cuando esté bien caliente, dore los tacos. Se cubren con lechuga picada, queso y crema. Acompañe con la salsa de su preferencia.

Flan

Prepárelo siguiendo las indicaciones que señala su empaque. Los budines, gelatinas y flanes se adquieren en la tienda de autoservicio y son muy rápidos de preparar.

Agua de naranja

Sábado

Menú

- Crema de champiñones
- Ensalada de arroz
- Caldo de pescado
- Dulce de calabaza
- Agua de toronja

Cuadro nutricional

Esta receta contiene carbohidratos, proteínas, vitaminas A, B, C, D, E y P; sales minerales como potasio, sodio, hierro, yodo, fósforo y magnesio.

Crema de champiñones

Ingredientes

- 1/4 de crema ácida
- 1 litro de leche
- 250 gr. de champiñones
- 50 gr. de mantequilla
- 2 cucharadas soperas de fécula de maíz (Maizena)

Preparación

Cueza los champiñones en agua. Ponga al fuego una sartén con la mantequilla y la fécula de maíz. Espere a que esta última, cambie su color a uno amarillo claro. Posteriormente, muela la leche, la fécula y los champiñones(reserve 1/2 taza de champiñones picados para incorporar a la crema antes de servirla). Hierva la mezcla 5 ó 10 minutos a fuego lento, moviendo constantemente para que no se pegue. Al servir añada los champiñones picados y crema al gusto.

- Con este mismo procedimiento, usted puede preparar crema de zanahoria, betabel, chícharo, calabacitas, papa, etcétera.

Ensalada de arroz

Ingredientes

- 1 taza de arroz
- 3 rebanadas gruesas de jamón de pavo
- 1 taza de pasas
- 1 cucharadita de sal
- Aceite vegetal

Preparación

Cueza el arroz en 2 tazas de agua con un chorrito de aceite y la sal. Cuando se reseque, vacíelo en una ensaladera. Añada el pavo partido en trozos pequeños y las pasas esparcidas encima.

Caldo de pescado

Ingredientes

- 1/2 kg. de pescado (Sierra, Bagre, Róbalo blanco, etc.)
- 8 nopalitos tiernos
- 2 papas medianas
- 3 zanahorias
- 2 chiles chipotles
- 3 ramitas de perejil
- 3 ramitas de apio
- 4 jitomates medianos
- 2 rebanadas finas de cebolla
- 1 diente de ajo

Preparación

Parta los nopalitos en cuadritos y cuézalos en agua. En otra olla, cueza los jitomates. Cuando estén blanditos se muelen en la licuadora junto con los chiles chipotles. En el refractario donde va a preparar el pescado, ponga a cocer las papas y las zanahorias partidas, el apio y los nopalitos. Agregue el jitomate licuado y cuando esté hirviendo, introduzca los trozos de pescado. Incorpore las rebanadas finas de cebolla, un diente de ajo y unas ramitas de perejil. Déjelo hervir 20 minutos y sirva.

Dulce de calabaza

Ingredientes

- 1 calabaza cruda
- 1 barra de piloncillo

Preparación

Parta la calabaza en trozos grandes y quítele las semillas y las barbas. Bien lavada, póngala a cocer. Agregue al agua de cocción, unos trozos de piloncillo. Deje que hierva hasta que se forme la miel. Sírvalo caliente o frío.

Agua de toronja

Domingo

Menú

- Sopa de flor de calabaza
- Pure de papa
- Chuleta de puerco
- Alegria (dulce)
- Agua de guanábana

Cuadro nutricional

Esta receta contiene carbohidratos, grasas, proteínas, sales minerales y vitaminas A, B, C, D, E, P y K.

Sopa de flor de calabaza

Ingredientes

- 2 manojos de flor de calabaza
- 3 calabacitas tiernas
- 1 taza de salsa de jitomate
- 1 taza chica de granos de elote
- 1 ramita de epazote
- Sal
- Cebolla
- Ajo

Preparación

Lave los manojos de flor de calabaza y separe únicamente la flor. Ponga agua a hervir en el recipiente donde hará la sopa y agregue la flor de calabaza, así como las calabacitas partidas en cuadritos. Añada sal, ajo y rodajas de cebolla, luego, la salsa de jitomate (Ver salsas) y los granitos de elote. Deje que todo hierva. No olvide añadirle su ramita de epazote.

Puré de papa

Ingredientes

- 4 papas grandes
- 3 cucharadas de mantequilla
- 1/2 litro de leche
- Sal

Preparación

Cueza las papas en agua con sal. Cuando estén bien cocidas se pelan y se pican. Ponga al fuego una sartén con la mantequilla. Agregue las papas y macháquelas hasta hacerlas puré mientras se aderezan con la mantequilla. Poco a poco añada la leche hasta que la mezcla tome la consistencia que le agrade.Ponga sal al gusto.

Chuletas de puerco

Ingredientes

- 1/2 kg. de chuletas de puerco
- Salsa verde de chiles serranos
- Sal
- Aceite vegetal

Preparación

En una sartén con poco aceite, fría las chuletas. Cuando tengan apariencia doradita, vierta la salsa verde (ver salsas) sobre ellas y deje que hierva. Acompañe con puré de papa.

Alegrias (dulces)

Adorne un platón con estos vistosísimos dulces multicolores que le abrirán el apetito a cualquiera. Póngalo al centro de su mesa y disfrute estos dulces al final de la comida.

Agua de guanábana

Recetario del mes

Lunes

Sopa de lentejas
Caldo de res - Ensalada de coliflor
Peras en almíbar - Agua de sandía

Martes

Sopa de pescado - Langosta al ajo
Ensalada rusa
Ciruelas pasa - Agua de melón

Miércoles

Sopa de codito
Pechugas en jugo de naranja
Galletas con cajeta - Agua de horchata

Jueves

Crema de caldo de frijol
Carne enchilada de puerco - Ensalada de calabaza
Dulce de coco - Agua de zapote

4a. semana

Viernes

Sopa de carne
Bacalao navideño - Ensalada de chayote
Manzana dulce - Agua de fresa con horchata

Sábado

Caldo de gallina - Tortitas de camarón
Crema de mamey
Agua de tuna

Domingo

Sopa de col
Taquitos dorados de pechuga de pollo
Ensalada de lechuga - Frijoles fritos
Yogurt con fruta - Agua de limón con pepino

Lunes

Menú

- Sopa de lentejas
- Ensalada de coliflor
- Caldo de res
- Peras en almíbar
- Agua de sandía

Cuadro nutricional

Esta receta contiene carbohidratos, proteínas, grasas, sales minerales y vitaminas A, B, C, D, E, P y K.

Sopa de lentejas

Ingredientes

- 1 taza de lentejas
- 2 jitomates
- 1 cebolla
- 1 diente de ajo
- 200 gr. de chorizo

Preparación

Cueza las lentejas en agua con un poquito de sal. En una sartén con aceite, acitrone la cebolla, el ajo y los jitomates partidos en trozos pequeños. Agregue el chorizo. Desmenúzelo perfectamente. Tire el exceso de grasa y vierta las lentejas cocidas con su caldo. Deje hervir y sírvalas con tortillas calientes.

Ingredientes

Ensalada de coliflor

- 1/2 coliflor mediana
- 1/2 pechuga de pollo
- 1 cucharada de vinagre
- 2 cucharadas de aceite de oliva
- Sal

Preparación

Cueza el pollo en agua con un poco de sal. Cueza también la coliflor en poca agua (no la deje en el fuego demasiado tiempo para que no se desbarate), luego, pártala en trozos pequeños. Encima coloque el pollo desmenuzado. Añada sal al gusto y bañe todo con vinagre y aceite de oliva.

Caldo de res

Ingredientes

- 1/2 kg. de retazo de res
- 3 zanahorias
- 2 papas grandes
- 1 col
- 2 chayotes
- 1/4 de ejotes
- Cilantro
- Cebolla
- 2 dientes de ajo

Preparación

Cueza la carne en la olla donde desea preparar el caldo. Añada el ajo, trozos de cebolla y sal. Cuando la carne se haya cocido, agregue la col picada, las zanahorias, papas, chayotes y ejotes partidos, no olvide quitar el hilito que cubre los ejotes de extremo a extremo y las puntitas de ambos lados. Cuando hierva, ponga el cilantro y verifique si tiene suficiente sal.

Peras en almíbar

Cómprelas enlatadas y guárdelas en la alacena. Basta con abrir la lata y servir en porciones pequeñas.

Agua de sandía

Martes

Menú

- Sopa de pescado
- Ensalada rusa
- Langosta al ajo
- Ciruelas pasa
- Agua de melón

Cuadro nutricional

Esta receta contiene grasas, vitaminas A, B, C, D, E, P, K y sales minerales como: magnesio, potasio, yodo, hierro y sodio.

Sopa de pescado

Ingredientes

- 1/2 kg. de retazo de pescado (pedir cabeza)
- 2 zanahorias
- 1 tacita de chícharos verdes
- 2 dientes de ajo
- 1 papa grande
- 3 nopales tiernos
- 1 cebolla

Preparación

En el recipiente donde vaya a preparar la sopa de pescado, ponga agua a hervir. Cuando esté en ebullición, introduzca el pescado bien lavado. Pique las verduras, el ajo y la cebolla y agréguelas al pescado. Deje hervir el tiempo suficiente para su cocimiento y sirva calientita.

Ensalada rusa

Ingredientes

- 3 papas medianas
- 4 zanahorias
- crema ácida o mayonesa

Preparación

Las papas y las zanahorias se lavan muy bien. Se hacen cuadritos muy pequeños al partirlas y se ponen a cocer en agua. Cuando estén listas se escurren y se colocan sobre un platón. Se agrega la crema ácida o mayonesa revolviendo muy bien con un poco de sal.

Langosta al ajo

Ingredientes

- 5 langostas
- 20 dientes de ajo
- 5 chiles serranos
- 3 jitomates
- 5 limones
- 1 manojo de cilantro
- Epazote
- 1 taza de mantequilla
- 1/2 taza de aceite vegetal

Preparación

Lave muy bien las langostas y úntelas con una mezcla a base de 20 dientes de ajo asados en el comal, 10 ramitas de cilantro, los chiles serranos, media taza de mantequilla y media taza de aceite vegetal. Todo bien licuado. Ya bañadas en la mezcla, refrigere las langostas durante 3 horas. Cuando haya transcurrido ese tiempo, cocínelas en un comal caliente durante 15 minutos de cada lado. Fría unas hojas de epazote hasta que estén crujientes. Con ellas adorne los platos donde sirva la langosta y coloque rebanadas de jitomate y limón. Bañe las langostas con mantequilla derretida y sirva.

Ciruela pasa

Compre una bolsa de ciruelas pasa y ofrézcalas como postre. Déles a sus hijos en lugar de otros dulces que traen demasiada azúcar.

Agua de melón

CAJETA

Miércoles

Menú

- Sopa de codito
- Pechugas en jugo de naranja
- Galletas con cajeta
- Agua de horchata

Cuadro nutricional

Esta receta contiene proteínas, carbohidratos, grasas, sales minerales y vitaminas.

Sopa de codito

Ingredientes

- 1/2 paquete de sopa de codito
- 100 gr. de jamón
- 1/4 de crema ácida
- 1 hoja de laurel

Preparación

Ponga a cocer la pasta en agua hirviendo con la hoja de laurel , una cucharada de aceite(para que el agua no se tire) y sal. Procure que el codito quede entero. Sustituya el agua caliente por fría. Tire el agua y escurra la pasta. Mézclela con la crema y el jamón picado.

Pechugas en jugo de naranja

Ingredientes

- 2 naranjas
- 2 pechugas de pollo deshuesadas y aplanadas
- 4 rebanadas de queso amarillo
- 4 rebanadas de tocino
- Sal y pimienta

Preparación

Unte las pechugas con sal y pimienta. Posteriormente póngalas a marinar en el jugo de las 2 naranjas durante una hora. Saque una por una y colóquelas en un plato extendido. Ponga una rebanada de queso y una de tocino encima de cada pechuga. Doble las pechugas como taquitos y déjelas cocer a fuego lento con el jugo de naranja. Sirva una vez que se hayan cocido.

Galletas con cajeta

Compre una caja de galletas "Marías" y sírvalas como sandwich, con cajeta en medio de dos galletas

Agua de horchata

Jueves

Menú

- Sopa de caldo de frijol
- Ensalada de calabaza
- Carne enchilada de puerco
- Dulce de coco
- Agua de zapote

Cuadro nutricional

Esta receta contiene proteínas, celulosa, carbohidratos, grasas, vitaminas y minerales.

Sopa de caldo de frijol

Ingredientes

- 1 taza de frijoles cocidos
- 3 cucharadas de aceite vegetal
- 1/2 paquete de fideos (sopa de pasta)
- 2 jitomates
- 1 cebolla pequeña
- 2 dientes de ajo
- 1/4 de queso rallado
- orégano

Preparación

Si tiene frijoles de la olla, utilice una taza de éstos y muélalos con su caldo en la licuadora, de lo contrario, cueza previamente los frijoles con sal en la olla express. Por otra parte, ponga a freír los fideos en una sartén con aceite, hasta que se doren ligeramente. Retire la sartén de la lumbre y muela en la licuadora la cebolla , los dientes de ajo picados junto con los jitomates, previamente asados en el comal. Añada esta salsa a la sopa de fideo y colóquela otra vez sobre el fuego. Incorpore los frijoles molidos y una taza de agua. Espere a que hierva unos minutos antes de servir y espolvoree en cada plato queso y orégano.

Ensalada de calabaza

Ingredientes

- 1/2 kilo de calabazas tiernas
- 1/4 de crema ácida
- 2 huevos duros(cocidos)
- Salsa búfalo

Preparación

Cueza las calabazas en agua, al igual que los huevos. Parta cada calabaza por enmedio y encima de cada mitad, ponga rodajas de huevo duro. Cúbralas con crema ácida y salsa búfalo al gusto.

Carne enchilada de puerco

Ingredientes

- 1/2 kg. de bisteces de puerco (falda)
- 8 chiles guajillo desvenados
- 1 chile ancho desvenado
- 2 cucharadas de vinagre
- Aceite vegetal
- Sal y pimienta

Preparación

Hierva los chiles con poquita agua y después muélalos con sal y pimienta. Coloque los bisteces de puerco en un refractario y báñelos con la salsa de chile. Deje que reposen 2 horas antes de freír la carne en aceite. Acompañe con tortillas de maíz.

Dulce de coco

Atraiga las miradas a su centro de mesa, colocando una canastilla de mimbre con papel de china de varios colores y sobre éstos, dulces de coco ribeteados de color rosa.

Agua de zapote

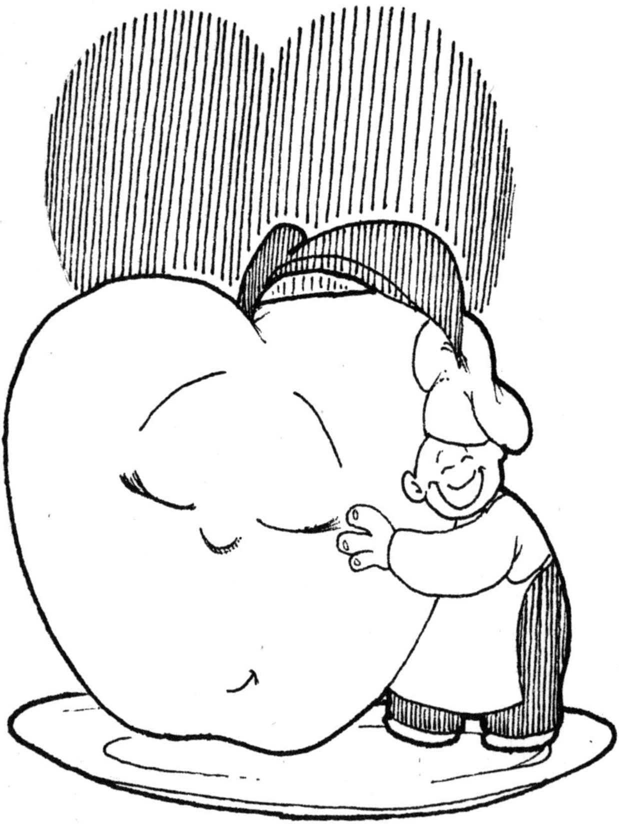

Viernes

Menú

- Sopa de carne
- Ensalada de chayote
- Bacalao navideño
- Manzana dulce
- Agua de fresa con horchata

Cuadro nutricional

Esta receta contiene carbohidratos, grasas, celulosa, vitaminas A, B, C, D, E, P y K, así como sales minerales (sodio,yodo y fósforo).

Sopa de carne

Ingredientes

- 1/2 kilo de carne de res(cadera)
- 2 tazas de caldo
- 1 trozo de cebolla
- 2 papas medianas
- 3 ramitas de perejil
- 2 cucharadas de aceite
- Sal

Preparación

Cueza las papas en agua. Pélelas y pártalas en 8 trozos cada una. Cueza la carne en dos tazas de agua. Añada la cebolla y un poco de sal. Cuando esté cocida, pártala en trozos pequeños y dórelos en aceite. Incorpore el caldo, tape bien y deje sobre la lumbre 30 minutos. Finalmente añada las papas.Sírvala y adorne cada plato con ramitas de perejil.

Ensalada de chayote

Ingredientes

- 5 chayotes tiernos
- Jugo de 2 limones
- 1 trozo de cebolla
- 3 cucharadas de mayonesa
- Sal y pimienta

Preparación

Aderece los chayotes –ya cocidos y partidos– con la mayonesa, el jugo de limón y la cebolla picada. Ponga sal y pimienta al gusto.

Bacalao navideño

Ingredientes

- 1 Kg. de bacalao
- 6 chiles pasilla
- 6 chiles guajillo
- 6 chiles ancho
- 6 dientes de ajo
- 1 cebolla
- Tortillas de harina
- Aceite vegetal
- Aceitunas

Preparación

Ponga a remojar el bacalao desde el día anterior. Al día siguiente, cuézalo en agua(no le ponga sal). Quítele las espinas cuando se haya cocido. Desvene los chiles y póngalos a cocer en un poco de agua. Muélalos en la licuadora con ajo y cebolla. Fría esta salsa en una sartén con aceite durante 10 minutos a fuego lento. Después añada el bacalao y déjelo hervir. Acompañe con tortillas de harina y aceitunas.

Manzana dulce

Ingredientes

- 4 manzanas
- La mitad de un limón
- Piña en rebanadas (almíbar)
- Pasas
- Nueces
- Crema chantilly

Preparación

Lave, péle y parta en cuadritos las manzanas. Póngalas en un recipiente con agua y unas gotitas de limón. Al momento que las vaya a servir, sáquelas del agua y revuélquelas en crema chantilly, agregando pedacitos de nueces, piña y pasas.

Agua de fresa con horchata

- Ver aguas frescas

Sábado

Menú

- Caldo de gallina
- Tortitas de camarón
- Crema de mamey
- Agua de Tuna

Cuadro nutricional

Esta receta contiene carbohidratos, grasas, vitaminas A, B, C, D, E, P, K y sales minerales.

Caldo de gallina

Ingredientes

- 1 taza de arroz
- 1/2 kilo de piezas de pollo
- 3 zanahorias
- 1 papa grande
- 100 gr. de ejotes verdes
- 3 ramas de cilantro
- 1 lata de chiles chipotles
- 2 dientes de ajo
- Sal

Preparación

Lave y desinfecte las verduras. Pártalas en trozos pequeños. Cueza las piezas de pollo en agua con el ajo y un poco de sal durante 15 minutos. Posteriormente, agregue el arroz lavado y las verduras. Espere a que se cuezan y añada los chiles chipotles y las ramitas de cilantro al hervor. Sirva caliente.

Tortitas de camarón

Ingredientes

- 1/2 Kg. de camarón molido
- Pan molido
- 2 ó 3 huevos
- 1 lechuga
- Aceite vegetal

Preparación

Bata en un tazón el camarón con un poco de pan molido y agua hasta que se forme una masa. Proceda a hacer las tortitas y colóquelas en una charola. Bata muy bien los huevos en un plato. Ponga a fuego lento una sartén con aceite. Cuando el aceite esté bien caliente, tome una a una las tortitas, báñelas con el batido de huevo y vaya colocándolas en la sartén. Voltee las tortitas cuando el huevo se haya cocido y sírvalas sobre hojas de lechuga.

Crema de mamey

Ingredientes

- 1 mamey
- 1 lata de leche condensada
- 1/2 taza de agua
- 3 cucharadas de coco rallado (para el adorno)

Preparación

Licue la leche y el agua con la pulpa de mamey. Si queda muy dulce y densa, añada más agua. Sírvalo en copas y refrigere 2 horas. Finalmente, decore con un poco de coco rallado encima.

Agua de tuna

Domingo

Menú

- Sopa de col
- Frijoles fritos/Ensalada de lechuga
- Taquitos dorados de pechuga de pollo
- Yogurt con fruta
- Agua de limón con pepino

Cuadro nutricional

Esta receta contiene celulosa, proteínas, grasas, carbohidratos, hierro y vitaminas A, B, C, D, E, P y K.

Sopa de col

Ingredientes

- 1 col
- 1 cebolla
- 4 rebanadas de pan integral de caja
- Sal
- Aceite vegetal

Preparación

Cueza la col picada en agua con sal. En una sartén con aceite se fríen cuadritos de pan integral y en el mismo aceite se fríe la cebolla picada. Ya acitronada se añade a la olla donde se cuece la col y se deja cocinar. Al tiempo de servir, se pone una capa de pan y verdura (sin caldo) y luego otra capa de pan y más verdura (col) con caldo.

Ingredientes

Frijoles fritos

- 1 taza de frijoles cocidos
- 1 trozo de cebolla
- Queso blanco rallado
- Aceite vegetal

Preparación

Fría los frijoles con la cebolla finamente picada y acitronada. Sírvalos calientitos y espolvoreados con queso blanco rallado.

Ensalada de lechuga

Ingredientes

- 1 lechuga orejona
- Berros
- 1 pepino
- 2 jitomates
- 1 aguacate
- Aceite de oliva

Preparación

Lave y desinfecte la lechuga y los berros. Quite la cáscara al pepino y haga rodajas. Rebane el jitomate y el aguacate. Coloque todos los ingredientes en una ensaladera, revolviendo con la lechuga y los berros picados. Bañe con una cucharadita de aceite de oliva y mueva para que se impregnen las verduras. Ponga sal al gusto.

Taquitos dorados de pechuga de pollo

Ingredientes

- 1 pechuga de pollo
- Tortillas
- Crema ácida
- 1/2 lechuga
- Queso blanco rallado
- Aceite vegetal

Preparación

Ponga a cocer la pechuga en un poco de agua con sal. Cuando se haya cocido, desmenúcela en un platón. Caliente las tortillas para que no se despedacen al doblarlas. Enróllelas con el pollo dentro y dore los taquitos en aceite. Acomódelos en un plato y ponga sobre ellos, crema, queso y lechuga. Acompáñelos con una salsa guajillo (ver salsas).

Ingredientes

Yogurt con fruta

- Fruta de la temporada
- Yogurt natural o de sabor

Preparación

Parta en trozos pequeños la fruta seleccionada. Ponga en platitos hondos el yogurt y encima la fruta. Es delicioso para el desayuno y también como postre en la comida.

Agua de limón con pepino

Aguas frescas

Ingredientes

Horchata de arroz

- 1 tacita de arroz
- 1 limón
- Canela en polvo
- Cubos de hielo

Preparación

Lave el arroz y póngalo a remojar en 1/2 litro de agua desde un día antes.Todo el jugo que suelte, agréguelo a una jarra con agua endulzada con azúcar. Para sacar más jugo, presione el arroz con un lienzo al colarlo. Añada canela en polvo y unas gotitas de limón.

Agua de frutas

Ingredientes

- Su fruta favorita (melón, piña, sandía, tuna, mango, mandarina, naranja, toronja, guayaba, papaya guanábana, zapote etc.
- Azúcar o miel
- Hielo

Preparación

Lave bien la fruta, de preferencia, quítele las semillas y pártala en trozos pequeños. Muela en la licuadora con un poco de agua. En una jarra con agua fría y endulzada, añada la fruta licuada y revuelva bien. Sírvala con hielos.

Agua de tamarindo

Ingredientes

- 1/2 kg. de tamarindo
- Azúcar
- Hielo

Preparación

Quite la cáscara a los tamarindos y póngalos a remojar durante 2 horas. Prepare una jarra con 2 litros de agua. Con las manos desprenda la pulpa de los tamarindo y cuele. Agregue el jugo a la jarra con agua.

Agua de jamaica

Ingredientes

- 100 gr. de flor de jamaica
- Azúcar o miel
- Hielo

Preparación

Hierva la flor de jamaica en medio litro de agua durante 10 minutos. Cuando esté lista, cuélela y vierta el zumo en una jarra con 2 litros de agua endulzada. Agregue hielo al gusto.

Agua de limón

Ingredientes

- 5 limones
- Azúcar
- Hielo

Preparación

Ralle cuidadosamente la cáscara de los limones y agréguela a una jarra con agua azucarada. Parta los limones y extraiga con un exprimidor el jugo de los limones, que pondrá en la jarra.

Agua de limón con pepino

Ingredientes

- 2 pepinos
- 5 limones
- Azúcar

Preparación

Muela los pepinos en la licuadora con un poco de agua y vacíelos en la jarra con agua. Luego exprímale también el jugo de los limones. Ponga azúcar al gusto y cubos de hielo.

Cremas

Usted puede preparar crema de zanahoria, betabel, chícharos, calabacitas, elote, acelgas, papa, champiñones, etcétera.

Ingredientes

- 1/4 de crema ácida
- 1 litro de leche
- Mantequilla
- Fécula de maíz (Maizena)

Preparación

Cueza la verdura y quítele la cáscara. Se cuela el elote y los chícharos, no así la calabacita por ejemplo. En una sartén se ponen 50 gramos de mantequilla y 2 cucharadas soperas de fécula de maíz. Déje que la fécula cambie su color por amarillito claro. Lícue la leche, la fécula y la verdura. Posteriormente, pónga la mezcla en una sartén a fuego lento, moviendo constantemente para que no se pegue. Deje hervir 5 ó 10 minutos y si lo desea, ponga media taza del ingrediente principal en cuadritos. Cuando la sirva, puede poner encima un poco de crema.

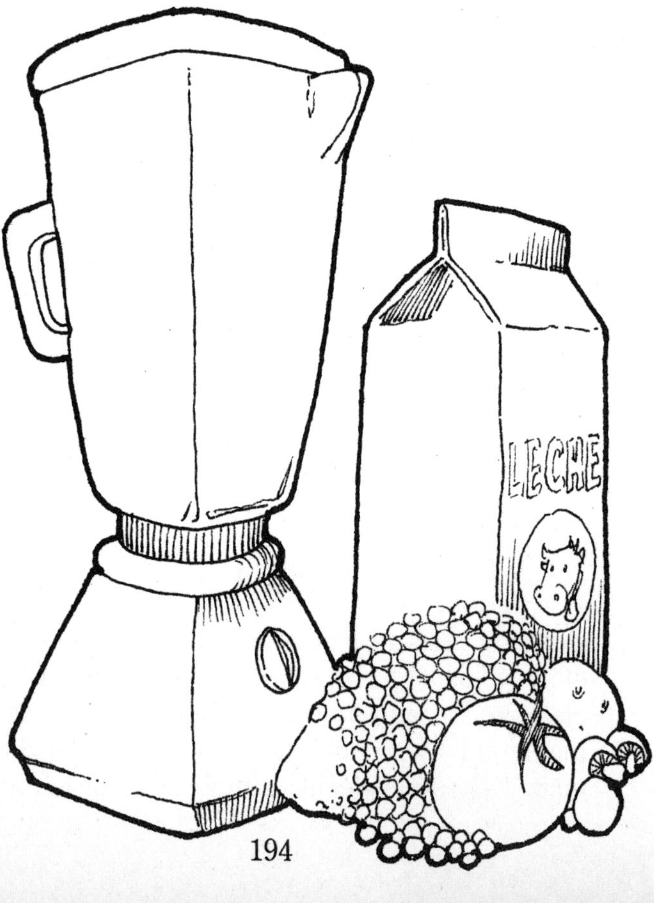

Salsa de pasilla

Ingredientes

- 5 chiles pasilla
- 2 jitomates
- 2 dientes de ajo
- 1 trozo de cebolla
- Aceite vegetal

Preparación

Ponga a hervir los chiles en agua durante 10 minutos. Previamente, ábralos y quíteles las venas. Ponga a tostar los jitomates y quíteles el pellejo quemado. Muela todo en la licuadora agregando cebolla y ajo. Enseguida, vierta la mezcla en una sartén con un poco de aceite y déjela sazonar.

Salsa de guajillo

Ingredientes

- 4 chiles guajillo
- 9 tomates verdes
- 2 dientes de ajo
- 1 cebolla chica

Preparación

Cueza los tomates y los chiles en un recipiente con agua. Cuando se hayan ablandado, muélalos en la licuadora junto con el ajo, la cebolla y sal al gusto. La salsa quedará lista para servirse.

Salsa de jitomate

Ingredientes

- 2 jitomates
- 1/2 cebolla chica
- 2 chiles serranos
- 2 ramitas de cilantro
- 1 diente de ajo

Preparación

Cueza en un recipiente con agua los jitomates y los chiles. Cuando se hayan cocido, viértalos en el vaso de la licuadora añadiendo ajo, cebolla y sal. Muela todo y sirva la mezcla en la salsera. Por último, agregue cilantro finamente picado.

Salsa de tomate

Ingredientes

- 15 tomates verdes (tomatillos)
- 4 chiles serranos
- 2 dientes de ajo
- 1/2 cebolla
- 3 ramitas de cilantro

Preparación

Quíte la cáscara y lave perfectamente los tomates. Cuézalos junto con los chiles en un recipiente con agua. Cuando estén blandos, páselos a la licuadora (sin agua) y muélalos con cebolla, ajo y sal. Sirva en la salsera con cilantro finamente picado.

Salsa de chiles serranos

Ingredientes

- 3 chiles serranos
- 2 dientes de ajo
- 3 jitomates
- 1 trozo de cebolla
- 3 ramitas de cilantro
- Sal

Preparación

Cueza en agua los chiles y los jitomates, para molerlos posteriormente con los dientes de ajo y la sal. Vierta en la salsera y añada cebolla y cilantro finamente picados.

Esta Edición se imprimió en Abril de 2005. Cosegraf
Progreso No. 10 Ixtapaluca. Edo. de México, 56530